LA FRANCE

VICTORIEUSE.

LA FRANCE

VICTORIEUSE

OU

LA FOI & LA LOGIQUE DU CHARBONNIER

PAR UN AUVERGNAT

Dieu seul doit faire notre espoir ;
. . . .
. . . .
Il adoucit nos peines ;
Il délie, il brise nos chaînes,
Et nos vainqueurs, par lui, deviennent nos captifs.

(RACINE)

CLERMONT-FERRAND

FERDINAND THIBAUD, IMPRIM.-LIBRAIRE

Rue Saint-Genès, 8-10.

12 novembre 1870.

DÉDICACE

A la Vierge de Marienthal.

C'est à vous, Vierge sainte, que je dédie ces quelques lignes, comme réparation de l'insulte des Barbares. Que l'ignoble balai qu'ils ont placé dans vos divines mains, devienne l'instrument de leur ruine.

Souvenez-vous, ô Marie! que la France est votre Fille bien aimée, combattez pour votre enfant et donnez-lui la victoire.

A MM. de Cathelineau et de Charette.

Après Marie, c'est à vous que j'offre ces faibles essais de ma Foi.

A vous, nobles cœurs, ardents chrétiens, qui n'avez pas craint, en face du scepticisme moderne, d'arborer l'étendard de la Vierge et d'affirmer au monde entier que, par Marie, Dieu seul peut sauver la France.

LA FRANCE

PEUT-ELLE ÊTRE VAINCUE?

A cette terrible et douloureuse question, mon cœur saigne, je frémis; eh! quoi, la France de Charlemagne et de saint Louis serait vaincue par un Guillaume! la fille aînée de l'Église, je la verrais broyée sous le pied brutal d'un fils de Luther! Oh! non, jamais, cela ne peut pas être, cela ne sera pas.

J'affirme que non-seulement la France ne périra pas, mais qu'elle sortira de la lutte avec gloire, qu'elle sera victorieuse.

Et cette conviction profonde, cette affirmation

surnaturelle que je ne peux définir , mais qui s'impose avec toute la force de la vérité , cette certitude absolue en un mot, je la puise dans la foi, je la trouve aussi dans la raison philosophique du principe catholique.

Pour les libres penseurs, la foi est un mot qui ne dit rien et ne prouve rien.

Pour les catholiques, la foi est une preuve puissante, c'est un rayon divin qui pénètre l'âme et l'illumine de sa brillante clarté, c'est un soleil radieux qui dissipe les ténèbres, et fait resplendir la lumière dans toute sa pureté , c'est presque une vision, ou bien encore une révélation de Dieu. La raison philosophique vient aussi m'affirmer avec non moins d'énergie dans ses rigoureuses déductions comme dans sa logique , l'impossibilité de la chute de notre patrie ; elle me montre la victoire dans des termes tels, que si je pleure sur ses tortures, je m'apprête déjà à chanter son triomphe. O France , prends courage, tu seras grande et glorieuse encore , car l'Eternel t'a choisie pour faire régner dans le monde sa justice et la vérité.

Avant d'entrer en matière , il faut jeter un regard sur notre situation présente , afin de bien comprendre où est le salut, d'où et comment il doit venir.

Depuis le commencement de la lutte , je ne vois que : revers, catastrophes, désastres ; Sedan, Metz , tristes et honteuses taches, 550 mille Français prisonniers des Barbares ; tous nos canons, nos fusils en leur pouvoir ; leurs masses immondes souillent presque la moitié du sol de notre belle patrie ; le pillage, le vol, le meurtre, l'incendie sont leurs plus beaux faits d'armes.

La France surprise, se débat frémissante depuis bientôt quatre mois sous la serre de l'aigle noire ; nos places fortes se sont rendues ou vendues, disait-on : ce Paris immense, qu'il était impossible d'investir, le voilà pour ainsi dire emprisonné dans un cercle de fer et de feu, isolé de la France, du monde entier.

Qui pourra jamais croire qu'une ville de près de deux millions d'habitants, dont le pourtour peut être évalué à 80 kilomètres, s'est vue cernée si complétement, que rien ne peut y entrer ni en sortir.

Comme organisation, des dictatures avec le drapeau rouge pour emblème. La loi du plus fort et du plus audacieux, l'esprit de coteries au lieu de l'esprit national, l'injure jetée à tout et à tous ; de la fureur et pas d'énergie. L'agitation fiévreuse et stérile, en un mot, l'impuissance matérielle et morale.

Je cherche en vain le directeur puissant, le grand moteur de la défense nationale, je ne le trouve nulle part. Je n'entends que de grands mots bien sonores et bien creux ; je ne vois que du vent, rien que du vent. Tristes produits de l'esprit moderne.

Le sauveur de la France, où est-il ? serait-ce par hasard l'homme à la chemise rouge ; ce spadassin qu'on nomme le général Garibaldi, et dont les mains sont encore rouges du sang français ? Castelfidardo et Mentana.

Si je jette un regard sur notre politique extérieure, je vois le colosse du Nord qui vient s'allier à notre ennemi ; c'est un autre aigle non moins rapace. Sa proie à lui est Constantinople. Il va enfin pouvoir exécuter le testament de Pierre Ier. Allons, Guillaume, crie le Czar, à moi l'Orient, à toi l'Occident.

Si je me suis fait le devoir de tracer le triste tableau de notre situation, et surtout de notre impuissance, c'est afin de bien montrer que nous ne devons attendre de secours que de Dieu, et que Dieu seul nous sauvera.

J'arrive maintenant à la raison philosophique en la traitant dans toute son étendue.

Avec le principe catholique, tout s'explique,

se tient, s'enchaîne, et, chose remarquable, les événements futurs viennent se placer logiquement, naturellement comme conséquences : tant il est vrai que rien n'est logique comme la vérité.

En créant l'Univers, Dieu a donné à chaque être et à chaque chose une mission à remplir, un but à atteindre ; la terre a été créée pour l'homme, et l'homme pour Dieu. L'adorer et le servir, voilà le devoir de l'homme.

Dans le plan divin les peuples ont aussi leur mission sur la terre. Nous allons voir quelle est celle de la France.

La première preuve du rôle que la Providence voulait lui assigner dans le monde, c'est l'apparition de saint Denis à Paris. Contemporain de Notre-Seigneur, il avait été envoyé par lui pour catéchiser la Gaule. Sans entrer dans des détails qui m'écarteraient de mon sujet, je me contenterai de citer Charlemagne qui devait être le fondateur du principe catholique ; par la voix de son vicaire, la France reçoit le titre de fille aînée de l'Eglise.

Dès cette époque, sa voie lui est tracée ainsi que son devoir. Aussi voyons-nous apparaître la main divine dans ses plus cruelles épreuves.

Sainte Geneviève sauve Paris; à sa voix, Jeanne d'Arc chasse les Anglais.

Dans la paix, Dieu nous donne les saint Louis, les saint Vincent de Paul et combien d'autres.

La France est la terre des miracles et le berceau de toutes les grandes œuvres.

Comme le peuple Juif, le peuple Français a donc été choisi de Dieu pour garder en dépôt la loi et les traditions de l'éternelle sagesse. Placée pour ainsi dire au milieu du monde comme le phare protecteur des lois divines, la France a eu pour rôle de faire rayonner dans tout l'univers l'éclat merveilleux du catholicisme.

A notre époque de scepticisme, qui donc, s'il veut être de bonne foi, contesterait que ce principe ne représente pas la vérité ? et qu'est-ce que la vérité, si ce n'est Dieu ?

Or, la France, dépositaire, gardienne de ce principe, peut-elle périr, c'est-à-dire manquer à sa mission ? Évidemment non ; elle doit poursuivre jusqu'à la fin la route qui lui est tracée ; c'est pour avoir failli à son sublime programme, la défense du Saint-Siége, qu'elle se voit aujourd'hui en butte aux souffrances de l'agonie, mais bientôt elle se lèvera plus forte et plus puissante ; purifiée par la souffrance, elle comprendra que les ordres de Dieu sont des lois.

La France principe étant le flambeau de Dieu, ce flambeau ne doit pas, ne peut pas s'éteindre, car sans la lumière de la vérité, les ténèbres envahiraient le monde. Dieu peut permettre qu'elle soit obscurcie, méconnue même, le mal peut triompher un instant ; mais bientôt l'éternelle clarté resplendit d'un plus vif éclat. Ainsi, quoi qu'en disent nos philosophes modernes et nos profonds politiques , je soutiens que Guillaume exécute aveuglément un ordre; qu'il a pour mission de réveiller la France du sommeil léthargique où l'esprit moderne l'avait plongé , sommeil de plomb qui bientôt eût entraîné sa mort, et Dieu a en quelque sorte besoin de la France ; car Pie IX , son vicaire , est dans les Catacombes.

Donc, Guillaume et Bismark ne sont que les exécuteurs des vengeances célestes, mais la France n'en est pas moins la bien aimée, la catholique, la nation principe. La coupe de la colère divine n'est pas encore pleine, il manque peut-être une goutte de sang; et lorsque cette goutte sera tombée comme dernière expiation , Dieu lui-même sonnera le glas funèbre de la Prusse.

Si donc, nous sommes, je le répète, la nation principe, c'est-à-dire la vérité, que sont les Prussiens, si ce n'est l'erreur agissant comme châtiment. .

L'erreur peut-elle l'emporter sur la vérité ?

L'erreur sera brisée, car la vérité c'est Dieu, et rien ne résiste à Dieu.

Il est donc d'une logique rigoureuse d'affirmer le triomphe de la France; craindre le contraire serait presque la négation du principe catholique; en effet, les fils de Luther anéantissant les fils du divin Crucifié, ce serait le triomphe de l'esprit du mal sur Dieu.

Ce qui est inadmissible.

Je vais plus loin, la Prusse doit être anéantie par la France.

S'il en était autrement, la Russie, aidée de la Prusse victorieuse, ferait dominer dans le monde l'erreur et assujettirait l'humanité toute entière à sa révolte contre le principe catholique, qui seul est la vérité, la voie, la vie des nations. Il ne faut pas être profond philosophe pour repousser cette hypothèse.

Dieu, dans son éternelle sagesse, a fait toutes choses avec poids et mesure. Ce n'est certes pas pour le triomphe de Luther qu'il a attaché son Christ à son infâme gibet.

L'histoire redira un jour que, comme un torrent immonde, les Prussiens envahirent la France, mais qu'à la voix du Très-Haut, son sol s'est entr'ouvert et les a dévorés.

Après le triomphe, que deviendra la France, après l'avoir retirée de l'abîme, que fera l'éternel; la laissera-t-il la proie de l'esprit du mal ? Poussant plus loin l'investigation philosophique, j'en tire cette conséquence.

La mission de la France étant la défense du principe catholique.

La France châtiée, et rentrée par le baptême de la douleur et de la souffrance dans la plénitude de son rôle, quel peut être le gouvernement qui sera choisi par Dieu pour le remplir.

Quoique délicate, je n'hésite pas à aborder la question : simple, diront les uns; insensée, diront les autres.

Que m'importe ; les faits parleront d'eux-mêmes, car ils ne sont pas éloignés.

Je reprens donc mes déductions.

Comme conséquence de la victoire, le gouvernement doit être une affirmation du principe catholique ; ce serait une contradiction flagrante, d'admettre que Dieu nous aurait sauvés de la ruine pour faire triompher le scepticisme, le matérialisme, qui ne sont autre chose que les principes du mal.

De deux choses l'une, ou nous serons victorieux ou bien nous serons écrasés. Au point de vue matériel, quel est notre espoir ? Malheureusement je n'en vois pas. Si donc nous sommes vainqueurs, c'est que Dieu fera un miracle pour nous. S'il fait ce miracle, et il le fera, j'en ai la conviction, pour qui le fera-t-il ?

Quatre partis sont en présence :

La République composée des démocrates honnêtes et des démagogues.

Son principe, sa base, quels sont-ils ?

Liberté, Egalité, Fraternité.

En un mot, les idées de 89.

La sainte Liberté, tel est le fondement principal.

Quant à la charité, quant à Dieu ; ces mots n'existent pas dans la République. Le principe catholique a fait son temps, dit-elle. L'idée républicaine, voilà le seul, le vrai principe qui doit régner désormais dans le monde.

Moi qui suis catholique, apostolique et romain, et qui repousse de toute mon énergie le dieu moderne, j'affirme hautement que ce n'est pas pour nous livrer à cette divinité monstrueuse, que le Tout-Puissant tirera la France de l'abîme.

Sera-ce Napoléon III, complice du Maudit, maudit lui-même ? Il a appris à Sedan ce qu'il en coûte de toucher à l'arche sainte, et pourtant il savait que pour les 5 années de Fontainebleau, il y avait eu les 5 années de Ste-Hélène.

Dieu le rappellera-t-il? Jamais.

Les d'Orléans seront-ils choisis pour rendre à la France sa splendeur par l'affirmation de l'idée catholique?

Je ne ferai pas l'histoire de cette famille, j'y constate seulement à chaque page son esprit de révolte et d'usurpation. Pour qu'ils puissent, je ne dis pas arriver, mais s'asseoir sur le trône de France, il leur faudra une consécration par celui-là seul qui peut la leur donner.

Reste le principe légitime.

Que représente-t-il?

Il représente l'idée: catholique, apostolique et romain; c'est-à-dire l'affirmation de la vérité qui est Dieu.

Il est donc logique de dire: Pour ce principe, Dieu sauvera la France par un miracle inouï.

Alors, prenant la couronne royale, il la placera sur le front du petit-fils de Saint-Louis; une fois

encore, il affirmera à l'univers son droit, sa justice et sa toute-puissance.

Ainsi Dieu l'aura voulu.

A GUILLAUME.

Puissant potentat, roi Guillaume, aigle noir, ton orgueil est satisfait; ta joie est complète, ton œil fauve lance de sinistres éclairs. C'est bien la grande nation, c'est bien la France que tu déchires sous ta serre barbare; jadis par elle tu avais été pulvérisé. Prends ta revanche, ô Guillaume, pille, vole, tue, égorge, allume partout l'incendie; mais hâte-toi, car la France rugissante va bondir et te chasser. L'heure est venue, Dieu parle. Vois-tu là-bas ce drapeau bleu, c'est l'étendard d'une noble et puissante dame, il est porté par Cathelineau. Elle règne sur la France, et son nom est Marie.

Dans sa main est l'instrument que tu lui as donné, après l'avoir souillée et insultée.

Rappelle-toi du balai de Notre-Dame de Ma-
rienthal.

Entends-tu, roi Guillaume, tu fuiras devant
son balai, et l'histoire redira ta défaite.

Clermont, imp. Ferd. THIBAUD.

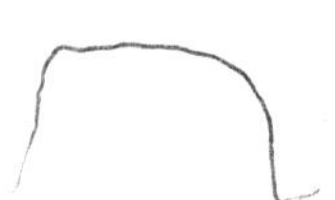